Unsichtbar und doch ganz nah. Hinter dem Portal des Jokhang-Tempels in der Nähe von Lhasa wirkt seit mehr als 1350 Jahren das Bildnis des Akshobhya-Buddhas, des Unerschütterlichen. Der Jokhang gilt als der heiligste Platz Tibets. Wer hier das Göttliche sucht, darf auf eine bessere Wiedergeburt hoffen

Berge, die der Seele Halt geben. Ungezählte Plätze des Himalaya sind seinen Bewohnern heilig. Viele erschließen sich dem westlichen Betrachter nicht, die Kraft anderer wiederum strahlt über alle Kulturgrenzen hinweg. So wie der 6828 Meter hohe Ama Dablam in Nepal, dessen Name »Mutter mit ausgestreckten Armen« bedeutet

Buddhas Augen sehen alles. Tausende buddhistische Pilger besuchen jedes Jahr den Bodnath-Stupa im nepalesischen Kathmandutal. Tausende Gebetsfahnen geben die Mantras und Gebete der Gläubigen dem Wind mit. Tausende Tauben bieten Gelegenheit zu praktizierter Eintracht mit allen Kreaturen

Zurück zu den Ursprüngen. Als Zeichen ihrer Rückkehr zur reinen Lehre des tibetischen Buddhismus tragen die Gelugpa-Lamas seit dem 14. Jahrhundert gelbe Mützen. Ironie der Geschichte: Aus der geistlichen Rebellenbewegung gegen Verweltlichung und Materialismus ging Tibets Staatskirche hervor

HIMALAYA

Als im Frühjahr 2005 erstmals ein Hubschrauber auf dem Gipfel des Mount Everest landete, klagte der Bergsteiger Hans Kammerlander bitter, der nächste Schritt wäre ja nun wohl ein Lift. Warum auch nicht? Dem höchsten Berg der Welt könnte sogar eine Seilbahn nichts von seiner Majestät nehmen. Wohl aber würde sie unsere Vorstellungen und Bilder zerstören. Denn in denen leben der Mount Everest und mit ihm der Himalaya nicht einfach nur als eine Mischung aus gigantischer Faltung und Erosion, sondern auch als ein Wesen von höchster Schönheit und Erhabenheit, als spirituelle Sonderzone gewissermaßen.

Als solche haben die Himalayabewohner ihre Berge schon immer erkannt. Hier nahm sowohl für Tibeter als auch für Hindus alles seinen Anfang, selbst das Göttliche. Auch heute noch gilt der Himalaya den Völkern, die seine Täler und Hochplateaus bewohnen, als heiliges Gebirge. Mitdenken können wir aus dem Westen das nicht, mitfühlen jedoch allemal.

Genährt wird unsere Vorstellungswelt des Himalaya aus vielen Quellen: Im altindischen „Ramayana"-Epos wird er als Heimstatt der Götter besungen, bei Herodot als jenes geheimnisvolle Land im Osten beschrieben, in dem hasengroße Ameisen in zahlreichen Bergwerken unermüdlich nach Gold suchen. Zum Mythos Himalaya trug sicher auch bei, dass die Reiche von Nepal, Bhutan, Sikkim, Mustang, Tibet und Spiti über 200 Jahre für Ausländer verschlossen waren. Dies lag allerdings nicht an der Geheimniskrämerei der Bergler – die waren den ersten Europäern, Jesuiten und Kapuzinern, im 17. Jahrhundert tolerant und gastfreundlich begegnet. 1725 durfte der Kapuziner Della Penna in Lhasa sogar eine Kirche errichten. Erst der fanatische Bekehrungseifer der Missionare führte zum umfassenden Einreiseverbot.

Die wagemutige Orientalistin Alexandra David-Neél, die von 1914 bis 1916 in den Bergen Sikkims auf 3900 Metern überwinterte und als erste europäische Frau, verkleidet, Lhasa erreichte, berichtete von unglaublichen Fähigkeiten der Himalayabewohner, etwa der willentlichen Erhöhung der Körpertemperatur oder extremen Ausdauerleistungen, und webte so am Bild einer geheimnisvollen Höhenwelt. Der Schriftsteller James Hilton erfand in den 1930er Jahren in seinem Roman „Lost Horizon" das Himalayatal Shangri La so überzeugend, dass bis heute hartnäckige Fantasten nach ihm suchen. Und 1938 rüstete die SS mit gewaltigem Propaganda-Aufwand eine Himalaya-Expedition aus, die dort nach den Ursprüngen der „Herrenrasse" fahnden sollte.

In den 1950er Jahren brachten Männer wie Maurice Herzog, Hermann Buhl, Tenzing Norgay und Edmund Hillary die Achttausender als existenzielle Herausforderung ins abendländische Bewusstsein. Die „Eroberung" der höchsten Gipfel war mehr als eine sportliche Höchstleistung – wer den Himalaya „bezwingt", feiert seinen „Sieg" mit der ganzen Menschheit.

Dann ging ein anderer Himalaya-Stern am Horizont der westlichen Wahrnehmung auf: Lhamo Dhondrub, ein Bauernbub, Seine Heiligkeit der 14. Dalai Lama. Den hält jeder dritte Deutsche für den weisesten Menschen der Erde. Wie dem auch sei, es ist ihm gelungen, das Image der tibetischen Theokratie derart aufzupolieren, dass der Lamaismus von immer mehr Menschen im Westen als Weg zum Glück, zum Frieden und zur Erlösung angenommen wird.

Dabei war gerade der Himalaya nie ein Reich des Friedens. Rivalisierende Königreiche fielen immer wieder übereinander her. Auch heute ist die Situation im höchsten Gebirge der Welt alles andere als entspannt. Ungelöste Grenzkonflikte zwischen den Atommächten Pakistan, Indien und China, die separatistischen Bewegungen tibetisch-birmanischer Bevölkerungsgruppen im Nordosten Indiens, die Staatskrise des Königreiches Nepal und seine Bedrohung durch eine maoistische Guerilla, die Besetzung und Unterdrückung Tibets durch die Chinesen – die Problemliste ließe sich fortsetzen. Und doch: Keine Problemliste ist lang genug, um die Wunder des Himalaya aufzuwiegen, seinen Zauber und die Schönheit seiner Berge, Täler und Menschen.

Der Name ist Programm. Himalaya setzt sich aus den Wörtern *hima*, Schnee, und *âlaya*, Wohnsitz, zusammen. Die Bewohner der Hochregionen haben sich auf lange, harte Winter eingerichtet. Auch wenn der Himalaya in den Subtropen liegt – in den Gipfelzonen kann die Temperatur leicht unter minus 40 Grad sinken

Ein Blick hinter den Vorhang. Wer sehen will, wie die Wolken ins Tal der Jimilangtso-Seen hoch in den Bergen Bhutans fallen, muss sich einer geführten Tour anschließen. Mit hohen Preisen und genauen Routenvorgaben ist es dem Königreich im östlichen Himalaya bislang gelungen, den Tourismus in verträglichen Grenzen zu halten

Schleppen für die Fremden. Im 3000 Meter hoch gelegenen Hushetal im Norden Pakistans leben fast alle Männer als Träger und Führer für ausländische Bergsteiger. Die werden vom K2 (8611 Meter), vom Gasherbrum (8068 Meter) und von den anderen Riesen des Karakorum magisch angezogen

Hinauf zum berühmtesten Basislager der Welt. Am Khumbu-Gletscher entsteht in jedem Frühjahr eine bunte Zeltstadt für alle, die auf der Südroute den Mount Everest bezwingen wollen. Für Bergsteiger ist das 5364 Meter hoch gelegene Lager begehrter Zielpunkt. Die letzte Wegstrecke führt direkt über den Gletscher

Tragende Rollen im ersten Morgenlicht. Hunderttausende transportieren im Himalaya auf ihren Schultern schwere Lasten durch Schluchten und Wälder, über Steilhänge, Schneefelder und Pässe wie diesen 4400 Meter hoch gelegenen Übergang im ehemaligen Königreich Zanskar im westlichen Himalaya

Gegen Schwerkraft und dünne Luft. Himalaya-Gipfel wie der Broadpeak im Karakorum, zu dessen Basislager diese Träger unterwegs sind, fordern beste Kondition. 1957 erreichten Hermann Buhl, Kurt Diemberger, Marcus Schmuck und Fritz Wintersteller den 8047 Meter hohen Gipfel erstmals ohne Sauerstoff und ohne Helfer

Alltag auf 4000 Meter Höhe.
An der alten Handelsroute von Tibet nach Nepal sind diese tibetischen Straßenbauarbeiter am Werk. Während immer mehr ehrgeizige »Westler« am nahen Mount Everest in der Todeszone Befriedigung suchen, freuen sich die Bewohner dieser Region über Wege, die ihnen ein Stück ihrer Mühsal nehmen

Auf dem Coca-Cola Highway. Vielleicht ist es ungerecht, den wunderschönen Rundkurs um den Annapurna so abfällig zu bezeichnen. Für echte Trekker aber sind der Komfort der vielen Teehäuser entlang der Route, der Andrang der über 20 000 Wanderer jährlich und der zurückgelassene Müll gute Gründe, andere Wege zu gehen

Selbstversorger im tibetischen Hochland. 440 Kilometer zogen die Mitglieder dieser »National Geographic«-Expedition ihre Vorräte in selbst gebauten Rikschas durch Eis und Schlamm. Ihr Ziel: die Erforschung der Lebensräume der Tibetantilope, die wegen ihrer begehrten Wolle kurz vor der Ausrottung steht

Wer es ernst meint, muss über den Gletscher. Weil das nördliche Basislager zum Mount Everest zwar auf bequemer Höhe (5170 Meter), doch 20 Kilometer vom Berg entfernt liegt, gibt es auf 6400 Meter das ABC, das Advanced Base Camp: dicht am Berg, aber wegen der Höhe für Daueraufenthalte nicht geeignet

Ochsentour für Packpferde. Auf dem 5100 Meter hohen Kongmaru La in Ladakh ist dieses Lasttier kollabiert. Wie der Fotograf Samuel David Robbins berichtet, erholte es sich nach einigen Minuten wieder. Die sehr entlegene Region im Nordwesten Indiens wurde erst 1989 für Ausländer geöffnet

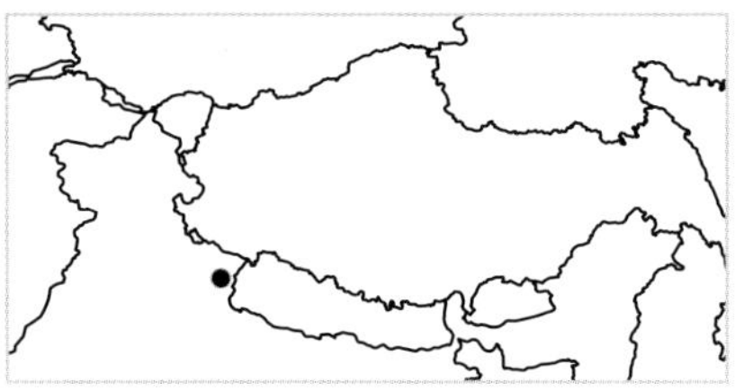

Göttliches Panorama bei Sonnenaufgang. Trishul wird diese Berggruppe im indischen Bundesstaat Uttaranchal genannt – der Dreizack Shivas, der die Macht dieses Gottes symbolisiert. Shiva ist neben Vishnu und Brahma einer der Hauptgötter der Hindus

Leuchtende Residenz der Beschützerin der Yaks. Der höchste Berg der Welt, den die Briten nach einem verdienten Landvermesser benannt haben, glüht im letzten Abendlicht. Die Nepalesen nennen ihn Chomolungma. Auf ihm thront die Göttin Miyo Langsangma, Patronin der Grunzochsen

Die höchste Grenze der Welt. Zwischen Nepal und China verläuft sie in 8850 Meter Höhe genau über den Mount Everest. Beide Seiten müssen hier aus naheliegenden Gründen auf Kontrollen verzichten, obwohl der kleine Grenzverkehr am Berg der Berge in den vergangenen Jahren beträchtlich zugenommen hat

25 000 Bergtouristen pro Jahr bringen viel Geld und einige Probleme in die Annapurna-Region in Nepal. Der Holzverbrauch ist enorm gestiegen. Gewinne werden in prestigeträchtige Viehherden investiert. Das Ergebnis: Erosion. Seit 1986 bemüht sich das Annapurna Conservation Area Project gegenzusteuern

Limitiertes Land. Den Bergbauern Nepals, hier Terrassenfelder hoch über den nebelverhangenen Tälern der Annapurna-Region, gelingt es nicht, ihren Eigenbedarf zu erwirtschaften. Nepals Landwirtschaft krankt daran, dass 40 000 Quadratkilometer Nutzfläche für 24,7 Millionen Einwohner zu wenig sind

Wo der Lotosgeborene meditierte. Als der heilige Padmasambhava, so die Sage, den Buddhismus im 8. Jahrhundert in den Himalaya brachte, flog er auf einem Tiger nach Bhutan, wo er hoch über dem Parotal eine Höhle fand. Heute steht dort zwischen Himmel und Erde das Kloster Taktsang, auch Tigernest genannt

Der Manasarovar in Tibet ist der heiligste See Asiens. Hindus und Buddhisten verehren ihn gleichermaßen, pilgern seit über 2000 Jahren zu seinen Ufern und nehmen in seinem salzigen Wasser reinigende Bäder. Gandhis letzter Wunsch war es, dass seine Asche im Manasarovar verstreut werde

Blick in ein bescheidenes Paradies: das Parotal in Bhutan. Das buddhistische Königreich versucht, die harten Lebensbedingungen zu verbessern, ohne die Identität aufzugeben. Immerhin wurde erreicht, dass hier keine wirkliche Armut herrscht und niemand hungern muss – in dieser Weltgegend keine Selbstverständlichkeit

Menschenleer, doch voller Tiere. Auf den 4500 Meter hoch gelegenen Weiden der tibetischen Naqu-Provinz grasen rund sieben Millionen Tiere; Yaks, Ziegen und Schafe. Dazwischen verteilen sich 285 000 Menschen, einer pro Quadratkilometer. Und viel »gedrängter« wollen die Hirten auch gar nicht leben

Strömungsstudie im weltgrößten Maßstab. Ein riesiges Hindernis steht dem Sturm im Weg. Die Wolkenstreifen zeigen seinen rasenden Weg über die Felsspitze. In Lee tanzen Wirbel aus Eis und Schnee

Gebete aus Stein auf dem Pfad der Weisheit. Der Weg zum buddhistischen Kloster Hanle an der Grenze Ladakhs zu China ist weit und für Westler seit dem indisch-chinesischen Krieg von 1962 verboten. Seit dem 17. Jahrhundert gilt die Mönchsgemeinschaft in dem abgelegenen Tal als bedeutendes Pilgerziel

Seine Heiligkeit hat keinen Preis – bis jetzt. Der Gipfel des 6997 Meter hohen Machapuchare in Nepal wurde noch von keinem Bergsteiger entweiht. Die Regierung hat zwar ein Besteigungsverbot erlassen, doch solche Beschränkungen konnten in der Vergangenheit die religiösen Gefühle der Himalaya-Bewohner nicht immer schützen

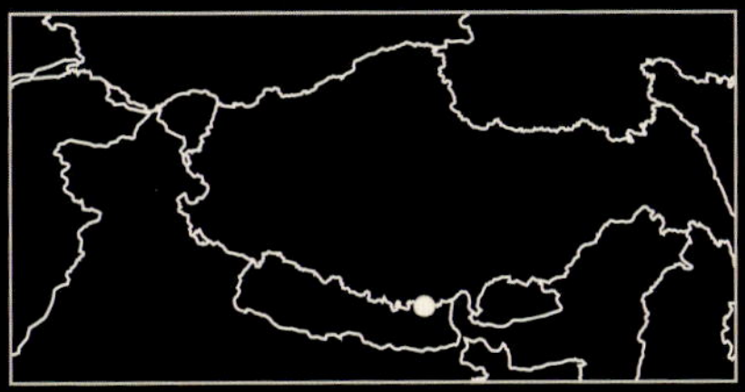

Nächte der Sehnsucht, der Freude, der Angst – und der Atemnot. Im Mount-Everest-Basislager gewöhnt sich der Körper an die Höhe (5170 Meter) und der Geist daran, dass das Traumziel nun ganz nah ist. Doch auch die Qual ist näher gerückt, die Gefahr, der Tod. Der Himmel ist klar – es könnte losgehen

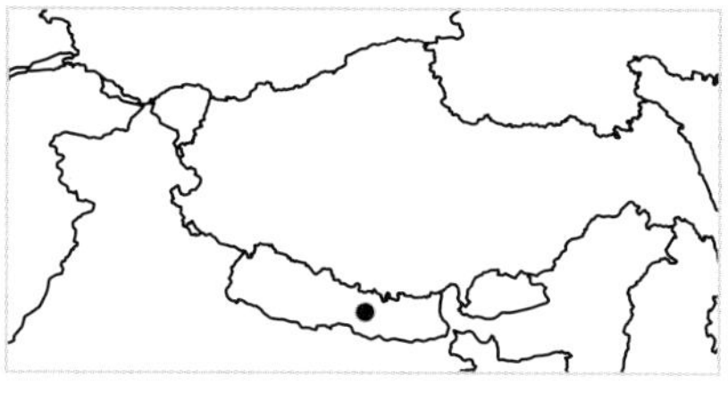

Kindheit im Kathmandutal.
Die beiden jungen Nepalesen wachsen in unruhige Zeiten hinein. Die maoistische Guerilla kontrolliert ganze Landesteile. Die Monarchie steht zunehmend unter Druck. Tausende Landarbeiter sind durch die Abschaffung der Leibeigenschaft verelendet

Der Buddha des Mitleids
ist immer dabei. Diese zwei
tibetischen Pilger verehren
den 14. Dalai Lama als ihren
natürlichen Führer, auch wenn
der von der chinesischen
Regierung verteufelt wird –
und 1959 aus dem Land
flüchten musste

Wer das Land der Feen sehen will, muss den Bönri umrunden. Anhänger der Bön-Religion, einem uralten System von Ahnen- und Geisterglauben, der sich in schamanistischen Ritualen ausdrückt, pilgern einmal jährlich zum Bönri, ihrem heiligen Berg östlich von Lhasa. Ihre Gebetsfahnen bringen sie dort als Opfer dar

Zeugen des Zusammenpralls. Seit der Kollision der Indischen mit der Asiatischen Kontinentalplatte vor etwa 45 Millionen Jahren schiebt, faltet, hobelt und splittert die Indische Platte in gebremstem Tempo noch heute. So entstand nördlich der Indus-Tsangpo-Senke der Transhimalaya

Gute Weiden, fette Lämmer: zwei Rongpa-Frauen im Yarlung-Tsangpo-Tal. Im Süden Tibets erlauben ein erträgliches Klima und für Ackerbau nutzbare Flächen den Menschen, sich sesshaft zu machen. Viehzucht ist aber auch hier der Hauptlebensunterhalt

Die große Wanderung. Auch andere Religionen betrachten das Leben als eine Pilgerreise, doch Tibets Buddhisten und Bön-Gläubige bleiben nicht bei der Betrachtung stehen. Wochen und Monate pilgern sie zu ihren heiligen Stätten, so wie diese drei Tibeter, die auf dem Weg zum Berg Gurla Mandatha sind

Alltag in dünner Luft. Das Dorf Thanza im Norden Bhutans, aus dem die beiden stammen, liegt 4000 Meter über dem Meer. In dieser Höhe bleibt nur die Yak-Zucht als Lebensunterhalt. Vor dem Wintereinbruch im Oktober ziehen die Hirten in die zentralen Täler und tauschen Käse gegen Reis und anderes Getreide

Kostbarer als Gold. Der Wind nimmt die Spreu mit sich, im Korb bleibt Gerste, die in 4000 Meter Höhe auf winzigen Äckern angebaut wird. Das Leben ist hart in Shade, einem Weiler in den Bergen von Zanskar. Ausreichend Mehl und gesalzenen Buttertee zu haben, gilt hier schon als glückliches Los

Ein Haus des Gebetes. Am Ufer von Tibets heiligem See Manasarovar werden Tausende von frommen Wünschen in die Welt geschickt. In der Hütte beim Trugo-Kloster drehen die Gläubigen eine Gebetsmühle, die fast so groß ist wie das Gebäude und mit vielen winzigen papiernen Gebetsrollen gefüllt ist

Sherpa bedeutet nicht »Träger«. Nur ein kleiner Teil der Männer dieses Volkes, das auf 90 000 geschätzt wird, verdingt sich seit der Öffnung Nepals als Lastenträger oder Bergführer, während die Frauen neben der Feldarbeit die Gasthäuser betreiben. Diese vier Sherpa versüßen sich ihre Rast durch einige tiefe Züge

Ein Maisbauer in Arunachal Pradesh, einem kleinen, dünn besiedelten Bundesstaat im Nordosten Indiens. Archaische Stammesstrukturen prägen hier bis heute das Zusammenleben. Die Zentralregierung duldet den Tourismus, aber die Einreise ist nur mit Sondergenehmigung möglich

Ein Tempel am Ende der Welt. Die Region Dolpo im Nordwesten Nepals gilt als das höchste permanent besiedelte Plateau der Welt. Isoliert hinter dem Dhaulagiri-Massiv gelegen, leben hier etwa 3500 Menschen tibetischen Glaubens mit vielen Gebetsfahnen und wenig Geld. Ihre Gompas sind dem Verfall preisgegeben

Blicke von ganz weit her. Das Dorf Ichar im alten Königreich Zanskar ist, wie fast alle Dörfer hier, nur über Pfade erreichbar. Die einzige Straße nach Zanskar wurde 1979 über die Berge gebaut. Die knapp 7000 Einwohner sind fast ganz auf sich gestellt. Bis auf einen kleinen Tauschhandel auf den Märkten von Kargil und Leh leben sie autark

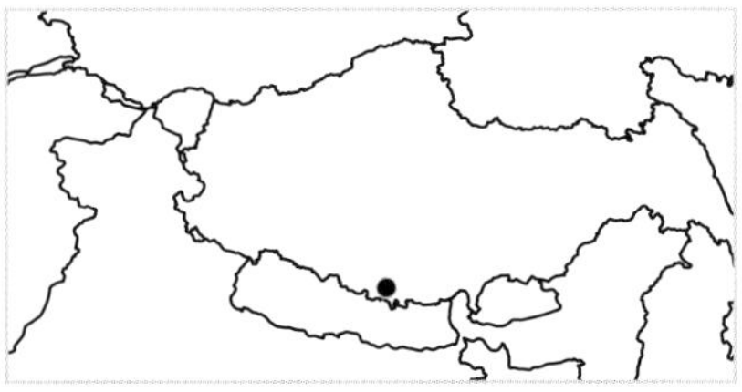

Gratwanderung am Xifeng Peak. Schmal ist der Weg zum 7292 Meter hohen Gipfel. Eine Aufstiegsroute, an der es immer wieder Todesopfer gibt. Dennoch wird der Himalaya-Riese von Höhenbergsteigern der Spitzenklasse gern zum Aufwärmen bestiegen, ehe sie sich der eigentlichen Herausforderung am Mount Everest stellen

Auf dem Berg mit der schönsten Aussicht der Welt. Nur einige Kilometer trennen den Betrachter von diesem einmaligen Dreigespann in Fels und Eis: Mount Everest, Lhotse und Nuptse, von links nach rechts. Standort ist der »nur« 7161 Meter hohe Mount Pumori, der als Nepals am einfachsten zu besteigender Siebentausender gilt

Vom ABC (Advanced Base Camp) zum Lager 1 auf dem Nordsattel des Mount Everest sind knapp 700 Höhenmeter zu überwinden. Das wäre eine Kleinigkeit, wenn der Aufstieg nicht bei 6400 Metern beginnen und auf 7060 Metern enden würde. Die erste Etappe des Leidensmarsches zum Gipfel

Hochstimmung. Bis zu 88 Bergsteiger feiern pro Tag die Erfüllung ihres Lebenstraumes: die Spitze des Mount Everest. Als Sir Chris Bonnington vor 30 Jahren oben war, ging es noch ruhiger und nüchterner zu: »Oh, diese absolute Lethargie auf 24 600 Fuß. Du willst pinkeln und liegst eine Viertelstunde da, ehe du so weit bist, die Pinkelflasche zu suchen«

»Well, we knocked the bastard off!« Edmund Hillarys munterer Kommentar zu seiner Everest-Erstbesteigung würde in unserer neoromantischen Zeit Befremden auslösen. Was Bergsteiger aus aller Welt – wie diese neuseeländische Expedition – nicht davon abhält, der Siegesroute des Altmeisters über die Südflanke zu folgen

Camping mit unsicherem Ausgang. Runter kommen sie alle? Für jene, die vom Nordsattel des Mount Everest über den sturmumtosten Nordostgrat zum Gipfel wollen, gilt dieser Satz nicht. Immer wieder bleiben Menschen in der Todeszone zurück. Bisher haben 29 Alpinisten den Weg über diesen Grat nicht überlebt

Hinauf um jeden Preis. Seit den 1980er Jahren wollen immer mehr Menschen ihr Gipfelerlebnis. Sie vertrauen darauf, von Bergführern auf den Mount Everest und wieder zurück bugsiert zu werden. Um eines Tages Teil des Gipfelgedrängels zu sein, sind manche bereit, sechsstellige Summen zu bezahlen

Alles ganz neu! Zum tibetischen Neujahrsfest Losar fertigen die Gläubigen Kleider, backen viele Kekse, streichen die Häuser frisch und nähen neue Gebetsfahnen, die dann zu Tausenden im Wind wehen. Kein Wunder, dass die Tibeter sagen: »Losar ist Lesar!« – »Neujahr bedeutet neue Arbeit!«

Das Reich und die Herrlichkeit. Viele hundert Jahre lang strahlte der Potala auf dem Roten Berg in Lhasa als das Zentrum der geistlichen und weltlichen Macht in Tibet. Seit der Flucht des 14. Dalai Lama 1959 steht der Potala, heute ein Museum, leer. Doch ist der Palast eines der bedeutendsten Pilgerziele Tibets geblieben

Hingabe in tiefster Vollendung.
Aus allen Teilen Tibets pilgern Gläubige zum Jokhang-Tempel in Lhasa, dem spirituellen Zentrum des Landes. Manche von ihnen legen auch weite Wege zurück, indem sie sich immer wieder niederwerfen, um dort aufzustehen, wo ihre Hände den Boden berühren. Eine selbst gewählte Marter

Hände voller Weisheit. In der rechten Hand der Donnerkeil, das Unverwüstliche, das männliche Prinzip symbolisierend, in der linken die Glocke für das Element Luft, mit der man die Geister rufen kann. Glocke und Donnerkeil vereint führen den buddhistischen Mönch erst zur Erkenntnis und dann zur Erleuchtung

Ohne Gebetsfahnen würde die alte Welt in ihrem Irrtum gefangen bleiben. Solange aber der mit Gebeten bedruckte Stoff im Wind von Tibet weht, wird die Welt permanent erneuert. Die Farben symbolisieren unter anderem die Himmelsrichtungen und die Elemente

Die Körpersprache der Bodhisattvas. Mudras, Gesten, haben im Buddhismus große Bedeutung. Diese Statue des Ordensgründers Tsongkapa in einem Bergdorf in Arunachal Pradesh zeigt die rechte Hand des heiligen Mannes mit der Vitarka-Mudra, der Geste der Lehrdarlegung, und die linke mit der Mußegeste Avakasha-Mudra

Bis der erste Mond des Jahres sich füllt. Vom Februarneumond bis zum nächsten Vollmond werden Lama Osel Lhundrup Dorje und die Nonne Ani Riksang in einer heiligen Höhle hoch in den Bergen nördlich von Lhasa meditieren. Um die Höhle zu erreichen, müssen sie über Leitern und einen steilen Tunnel ins Innere des Berges vordringen

Himmelwärts am Tag der Tage. Zum Vollmond des Monats Vaisakh feiern die Buddhisten Ladakhs ihr größtes Fest, die Buddha Purnima, den Geburtstag des Buddha. Am gleichen Tag erlangte er Erleuchtung und ging ins Nirwana ein. In einer langen Prozession ziehen die Gläubigen aus der Stadt Leh in ein nahegelegenes Kloster

Bodnath-Stupa, Kathmandu, Nepal. Lichter für Lakshmi, die Göttin des Reichtums und des Glücks. Beim nepalesischen Tiharfest, in Indien als Diwali bekannt, wird die Göttin mit Öllampen geehrt – und ins Haus gelockt. Die Lampen führen von der Straße bis zur Geldkiste des Haushalts, die auf den Geldsegen wartet

Jokhang-Tempel, Lhasa, Tibet. Die Öllämpchen, die dieser buddhistische Mönch anzündet, dienen den Gläubigen zur Andacht und zur Verehrung des Buddha. Im Feuer und im Licht finden Gläubige aller Religionen eine gangbare Brücke von der Ebene des Profanen hinüber in die Sphäre des Heiligen

Ein Fotografentraum ist wahr geworden. Um einen Schneeleoparden, *Panthera uncia*, vor die Kamera zu bekommen, braucht es Geduld, Kondition und die Fähigkeit, klaglos und stumm zu leiden. Und auch dann muss man noch Glück haben, will man eine der scheuen Raubkatzen in den Bergregionen Zentralasiens aufspüren

Im Sommer verschwindet der Schneeleopard aus dem Blickfeld des Menschen. In strengen Wintern jedoch treibt ihn der Hunger ins Tal und oft in den Tod. Wenn er in einen Ziegenstall eindringt, reizen die panischen Tiere seinen Jagdinstinkt, sodass er bisweilen Dutzende Tiere schlägt. Die tödliche Rache der Bauern ist ihm dann sicher

Heiß begehrt, streng geschützt und stark bedroht. Schneeleoparden, nach optimistischen Schätzungen leben noch 7500 Tiere, werden immer wieder Opfer von Wilderern. Fell und Knochen erzielen auf dem Schwarzmarkt hohe Preise. Seit 1976 sind sie im Anhang 1 des Washingtoner Artenschutzabkommens gelistet, geholfen hat es ihnen nicht

Auf dem Sprung. Unter den extremen Bedingungen des Hochgebirges haben Schneeleoparden extreme Fähigkeiten entwickelt. Wenn es sein muss, setzen sie über 16 Meter breite Gletscherspalten. Die deutlich längeren, kräftigen Hinterbeine liefern die Kraft, der lange buschige Schwanz dient der Balance

Xinjiang
Yarkan
K2 (Mt. Godwin Austen) 8611 m
Broad Peak 8047 m
Gasherbrum 8068 m
Masherbrum 7821 m
Askole
Baltistan
Skardu
6703 m
5361 m
Saser Kangri 7672 m
Shyok
Jammu und Kaschmir
Ladakh
Leh
Basgo
Mulbekh
Kargil
Lamayuru
Spituk 6121 m
Karu
Kongmaru La 5200 m
Pangong Tso
Niak Tso
Domar
6708 m
Yanhuqu
Sonamarg
Zoji La 3529 m
Nunkun 7135 m
Zanskar
Indus
Srinagar
Pampore
Anantnag
Ating
Karsha
Padum
Sangtha
Tso Morari
Tashigang
Shiquanhe
Daman
Nganglha Ringtso
Pir Panchal
Kishtwar
Lahaul und Spiti
Chenab
Doda
Bhadarwah
Udhampur
Kyelang
6119 m
Dankhar
6727 m
Gartok
Gangdise Shan
Kailash 6714 m
Chamba
Brahmaur
Manali
6840 m
Jammu
Tsada
Sutlej
Darchen
Samsang
Nangia
Kullu (Sultanpur)
Dharamsala
Pathankot
Kangra
Himachal Pradesh
Manasarovar-See
Rakshas Tal
PAKISTAN
Oling
Gurla Mandatha 7728 m
Mandi
Pong Reservoir
Rampur
Bandarpunch 6315 m
Gangotri
Bandrinath 7139 m
Purang
Simikot
Humla
Kanjiro 6883 m
Bilaspur
Yamnotri
Kedarnath
Nanda Devi 7822 m
Saipal 7050 m
Shimla
Joshimath
0
100 km
GEO-Grafik
Uttarkashi
Chakrata
Rara-See
Uttaranchal
Askot
Kali
Jumla
Mussoorie
Srinagar
Bageshwar
Rupnagar
Chandigarh
Dehra Dun
Kausani
NEPAL
Karnali
Almora
Dhandeldhura
Haridwar
Naini Tal
Ramnagar
Tanakpur
Surkhet
Sallyan
Haldwan Cum Kathgodam
Dhangarhi

HIMALAYA

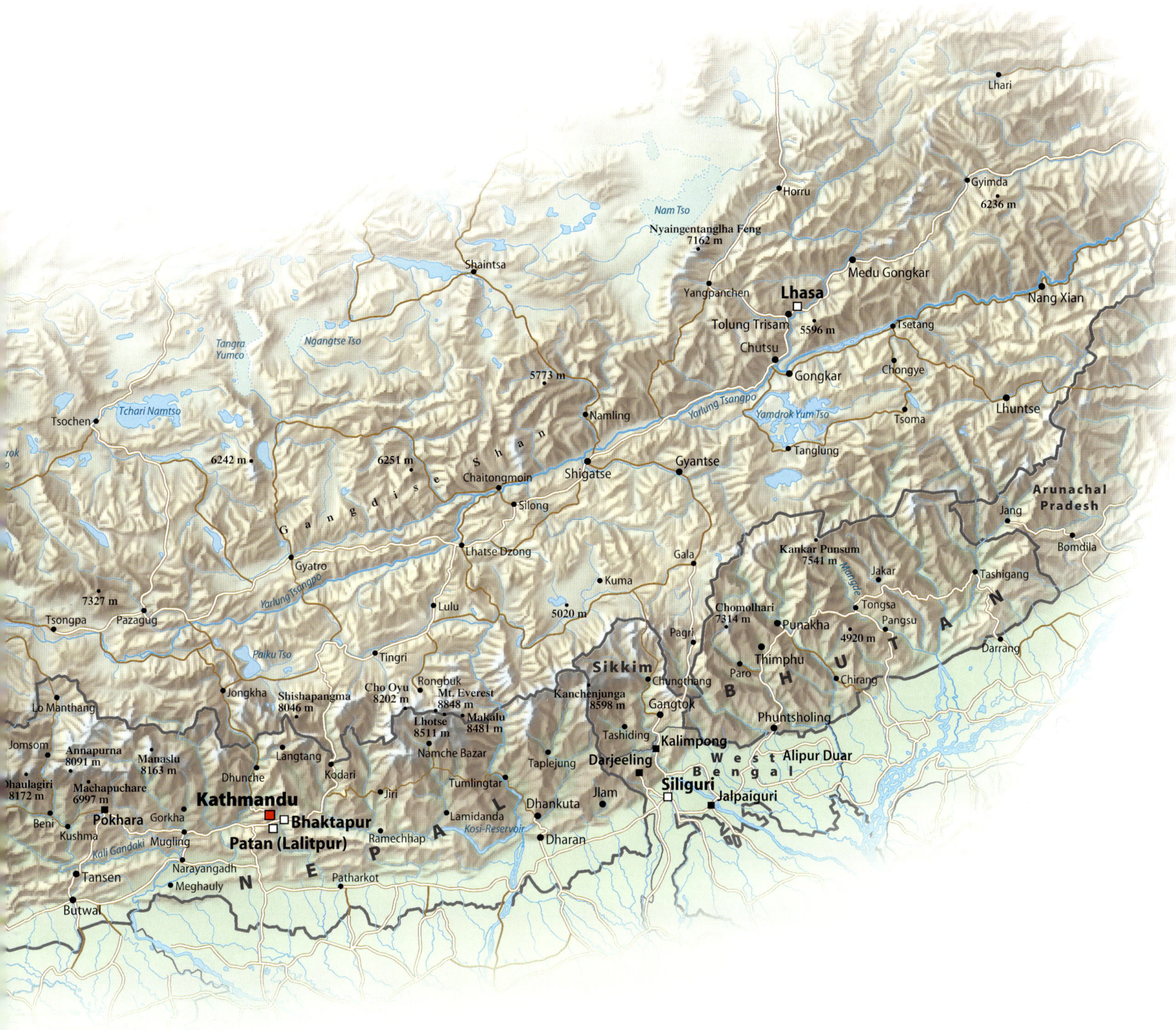

Himalaya – der gewaltige Bogen aus Fels und Eis spannt sich von der pakistanisch-chinesischen Grenze im Nordwesten nach Südosten, bis er in Nepal die Gangesebene erreicht. Von dort schwingt er sich nach Nordosten, seine Ausläufer enden im Norden Myanmars. Die verschiedenen Gebirgsketten, die diesen Bogen parallel durchlaufen, sind Resultate eines langen Faltungsprozesses, der beim Aufprall der Indischen auf die Eurasische Platte vor 45 Millionen Jahren begann und immer noch anhält. Von Süden nach Norden: die Sivalik-Kette, der Vorderhimalaya, der Hoch-Himalaya und der Transhimalaya. Auf dem Hauptkamm finden sich 14 Achttausender, die höchsten Berge der Welt. In den Tälern und auf den Hochplateaus leben mehr als 40 Millionen Menschen, die meisten von ihnen als sesshafte Ackerbauern in Gebieten unterhalb von 3000 Meter Höhe. Die höher gelegenen Zonen sind von nomadischen Yak- und Schafzüchtern nur dünn besiedelt. Die nepalesische Hauptstadt Kathmandu ist mit 743 000 Einwohnern die größte, das viel kleinere tibetische Lhasa (140 000 Einwohner) wiederum die kulturell bedeutendste Stadt des Himalaya. Zwei der mächtigsten Ströme Südasiens fassen das 2700 Kilometer lange Gebirgsmassiv ein: der Indus im Westen und der Yarlung Tsangpo (Brahmaputra) im Osten. Beide entspringen in Westtibet nahe dem Kailash, dem mit 6714 Metern zwar nicht höchsten, wohl aber heiligsten Berg des Himalaya.

In Betrachtung versunken. Barbie, ein feengleiches Wesen aus einer fremden Welt, ist diesem Jungmönch im Bluebird-Supermarkt in Kathmandu begegnet. Bewundert der Junge das Ewigweibliche, oder stellt er Betrachtungen über die eine Wahrheit und die vielen Wege an? Im Hintergrund die vertraute Sphäre des Kalmochan-Tempels

PAINT
DAZZLE
Barbie
The Heart Family
The Heart Family
The Heart Family
Mom & Baby
Barbie
New

IMPRESSUM

HERAUSGEBER: Peter-Matthias Gaede
KONZEPT: Ruth Eichhorn
TEXTREDAKTION: Wolfgang Spielhagen (freie Mitarbeit)
BILDREDAKTION: Jan Hillebrecht, Nadja Masri (New York)
GESTALTUNG: Klaus Lingenauber
KARTOGRAPHIE: Rainer Droste
SCHLUSSREDAKTION: Jan Pust (freie Mitarbeit); Antje Wischow

HERSTELLUNG: Heiko Belitz, G+J-Druckzentrale
LITHOGRAPHIE, DRUCK UND BINDUNG: MOHN Media Mohndruck GmbH, Gütersloh

1. AUFLAGE 2005

ISBN 3-570-19497-3

ABBILDUNGEN SCHUTZUMSCHLAG:
VORN: **Pilger auf dem Weg zum Berg Gurla Mandatha im Südwesten Tibets**
HINTEN: **Der Potala auf dem Roten Berg in Lhasa/Tibet**

BILDNACHWEIS

Keren Su/Danita Delimont: Titel, 66/67; Thomas Laird/TCS: 1; Robert Bösch: 2/3, 26/27, 54/55, 83, 86/87, 94/95; Sibylle Bergemann/Ostkreuz: 4/5; John & Lisa Merrill/Danita Delimont: 6/7; Olivier Föllmi/Rapho/Laif: 8, 16/17, 70/71; Conrad Piepenburg/Laif: 10/11; David Bathgate/Laif: 12/13; Robb Kendrick/Aurora/Bilderberg: 14/15; Menno Boermans/ Holl. Hoogte/Laif: 18/19; Chris Beall/Lonely Planet Images: 20/21; Tobias Gerber/Bilderberg: 22/23; Galen Rowell/ Mountain Light/National Geographic Image Collection: 24/25; David Samuel Robbins: 28/29, 42/43, 60/61, 68/69, 72/73, 74/75, 76/77, 78/79, 80/81, 106/107; Bernd Dinkel: 31; Colin Monteath/Hedgehog House: 32/33; Yann Arthus-Bertrand/ Altitude: 34/35; Justin Jeffrey/Lonely Planet Images: 36/37; Carol Polich/Lonely Planet Images: 38/39; Art Wolfe: 40/41; Dennis Cox/World Views: 44/45; China Tourism Press/The Image Bank/Getty Images: 46/47, 62/63; Alan Kearney/Photographer's Choice/Getty Images: 48/49; Mattias Klum/National Geographic Image Collection: 50/51; Galen Rowell/Mountain Light: 52/53; Alison Wright: 57; Dieter Glogowski/Laif: 58/59, 102/103; Keren Su/Taxi/Getty Images: 64/65; Grant Dixon/ Hedgehog House: 84/85; David Keaton/Corbis: 88/89; Ned Gillette: 90/91; Dave Walsh: 92/93; Dermot Tatlow/Laif: 97; Yu Yundian/Agentur Baumann: Rücktitel, 98/99; Gordon Wiltsie/National Geographic Image Collection: 100/101; Maria Stenzel/National Geographic Image Collection: 104/105, 108/109, 114/115; Stuart Franklin/Magnum Photos/Agentur Focus: 110/111; Frank Heuer/Laif: 112/113; Tom Walker/Image State/Alamy: 117; Andy Rouse/NHPA: 118/119; David Clarke/Alamy: 120/121; Kitchin & Hurst/NHPA: 122/123; Lars Tunbjörk/Agence VU: 126/127